$L b$ ^{si} $3057.$

QUELQUES MOTS

SUR

UNE SÉVÈRE LEÇON DE JUSTICE,

Donnée par la Cour royale de Riom,

A Monsieur le Préfet du Cantal,

PAR M. MÉTIVIER DE VALS,

ANCIEN COMMANDANT DE LA GARDE NATIONALE D'AURILLAC.

Mars 1840.

PARIS.

IMPRIMÉ PAR BÉTHUNE ET PLON, RUE DE VAUGIRARD, 36.

AUX ÉLECTEURS

DE L'ARRONDISSEMENT D'AURILLAC.

Mes compatriotes n'ont pas encore oublié sans doute l'humiliant échec que M. le préfet du Cantal essuya dans le courant de novembre dernier devant la Cour royale de Riom. L'espèce de verdict sous lequel cet administrateur vit anéantir 25 arrêtés émanés de sa justice politique, fut d'autant plus terrible, pour lui, que les circonstances à la suite desquelles ces tristes décisions avaient été rédigées font juger par quelle extrémité la préfecture avait été poussée au coup d'état électoral dont elle voyait le résultat s'évanouir; on se rappelle en effet quel faible succès le pouvoir réussit à obtenir aux dernières élections; 8 ou 10 voix passées à l'opposition suffisaient pour déjouer les menées et les séductions qui avaient été si nécessaires pour déterminer le suffrage de la majorité. On sait que la préfecture était à bout de voies; qu'elle avait épuisé son influence et ses promesses; on sait que par une imprévoyance, qui doit être sans doute aujourd'hui fort inquiétante pour M. le préfet et pour ses adhérents, aucune des nuances de la *monstrueuse coalition* n'avait été ménagée dans leurs discours comme dans leurs écrits. Les opinions qui se sont emparé aujourd'hui du pouvoir ou qui lui prêtent leur appui, avaient été maltraitées avec autant d'assurance et d'âcreté que la droite ou la gauche radicale. L'Écho du Cantal, organe de l'administration, avait prodigué l'injure à M. Thiers et à M. Guizot avec une inconvenance et un emportement que rien ne peut égaler, si ce n'est la chaleur du dévouement qu'on verra bientôt montrer sans doute au même journal pour le ministère du 1er mars.

Bien peu s'en était fallu cependant qu'un fatal désappointement ne sortît du scrutin ; le triomphe du pouvoir ne pouvait donc lui inspirer aucune confiance dans l'avenir : d'un côté, les jeunes recrues que chaque année devait amener à l'opposition; de l'autre, le désillusionnement que produisent tous les jours dans les esprits la connaissance des hommes et l'expérience des faits, ces causes semblaient révéler la chute prochaine et définitive du candidat ministériel; mais M. Delamarre découvrit un moyen fort simple de sortir des frayeurs de la situation. Ce moyen avait quelque chose de tranchant et de résolu qui convenait aux velléités autocratiques de son caractère ; il fallait en finir avec cette opposition mutine qui contrariait le libre cours de ses caprices; il fallait la *mâter;* M. Delamarre tenta de la décimer.

Au jour de la révision des listes l'étonnement fut grand. Des hommes qui avaient déjà plusieurs fois exercé leur privilége électoral, et dont les titres à ce privilége avaient subi l'épreuve de fréquentes et scrupuleuses vérifications, sans que l'autorité pût s'empêcher de sanctionner leur validité, se virent tout-à-coup rayés de la liste, d'un même trait de plume, et sur des motifs qui avaient sans doute demandé une grande subtilité d'imagination à M. le préfet, mais qui n'ont pas eu l'avantage de prouver en lui une profonde sagacité judiciaire.

On comprend toutefois comment M. Delamarre avait pu se résigner à donner un formel démenti à son ancienne jurisprudence. En effet, une coupe de 23 électeurs dans l'opposition, une addition de 3 affidés sur la liste, cela faisait 26 voix gagnées au pouvoir. Fort de cet avantage, il pouvait attendre avec moins d'anxiété les chances d'une nouvelle campagne électorale.

Mais M. le préfet, aveuglé par l'humble soumission de son courtisanesque entourage, avait trop compté sur la confraternité des pouvoirs politique et judiciaire; il se trompa; l'abus pitoyable qu'il avait fait de ses prérogatives administratives fut réprimé par la Cour royale, et tout cet échafaudage d'arrêtés au pied duquel il avait mis sa signature, fut culbuté sur son amour-propre; du rôle despotisque qu'il avait voulu jouer, il fallut descendre à celui de défendeur et se réfugier derrière les misérables justifications dont se chargea l'Écho du Cantal. Ces justifications se ressentirent du trouble dans lequel était tombée la petite Camarilla préfectorale depuis le coup de foudre qui l'avait frappée.

Deux articles furent publiés dans le journal de la préfecture à la date des 25 novembre et 7 décembre derniers. Le second me concerne presque exclusivement; on va savoir pourquoi. Sur 4 arrêtés que M. Delamarre avait lancés contre moi, 3 avaient été cassés par la Cour royale du Puy-de-Dôme; à ce sujet une lettre insérée dans les grands journaux de Paris, et relative au procès de Riom, reprochait justement à M. Delamarre d'avoir manifesté à mon égard un sentiment d'hostilité politique indigne du premier magistrat d'un département. L'Écho s'efforce de repousser cette accusation, *très-grave*, selon lui; toutefois le caractère principal de sa réponse, c'est l'absence de toute preuve capable d'affaiblir les imputations qu'il veut réfuter; l'Écho ne trouve pas de meilleurs arguments que les motifs des arrêtés dont la Cour a fait si bonne justice. Fort indifférent aux petites passions qui se remuent sous le giron de la préfecture, j'ai cru que ma position, surtout au moment où je venais d'obtenir un gain de cause complet, me dispensait de toute réplique. J'ai donc laissé la raison publique apprécier toute seule la misère à laquelle était réduite la défense de la préfecture. Si cependant les considérations toutes personnelles que je viens d'énoncer ont été cause de mon silence, il m'a paru intéressant, aujourd'hui, dans un but d'intérêt général, de reprendre la matière des explications que j'avais négligées. L'approche du moment où il doit être procédé de nouveau à la révision des listes, la possibilité de prochaines élections ont ajouté aux motifs qui me font un devoir de livrer à mon pays les éclaircissements contenus dans cette lettre. Il est utile d'apprendre, aux hommes dont la préfecture fascine la bonne foi, qu'ils l'aident à étouffer sous d'odieux escamotages politiques la franche représentation de l'arrondissement ; aux électeurs, qu'une surveillance soupçonneuse et sévère doit être exercée sur l'autorité pour qu'elle ne puisse violer la législation électorale ; au pays, que le caprice de l'administration fait quelquefois bon marché de la justice et de l'équité ; enfin, il est utile pour chacun de savoir qu'il n'est pas toujours besoin de pénétrer bien avant dans les lois, pour y trouver un recours contre les jugements du magistrat dont le premier devoir est d'en maintenir l'observation.

Je me propose de suivre dans cette discussion le texte de l'article de l'Écho dont je viens de parler. En même temps que mes lecteurs jugeront les faits, ils apprécieront le degré de confiance avec lequel ils doivent accueillir en général les commentaires que le journal officiel de la préfecture présente au pays.

Et d'abord, relativement aux vingt-deux arrêtés dirigés contre mes concitoyens et cassés par la Cour royale, l'Écho, pour atténuer la gravité des imputations élevées contre M. Delamarre dans les journaux indépendants de Paris, trouve commode de citer une prétendue circulaire ministérielle énonciative de plusieurs arrêts de la Cour de cassation qui rejetteraient les prestations en nature. Il affirme que si M. le préfet a changé l'année dernière la jurisprudence qu'il avait constamment adoptée à cet égard jusque-là, s'il a vu faire un abattis de ses arrêtés par la cour de Riom, c'est uniquement pour s'être conformé à l'avis officiel du ministère. Il n'est qu'une seule réponse à faire à cet argument sous lequel l'Écho se permet complaisamment d'abriter *presque toutes* les décisions émanées de la préfecture. Pourquoi, s'il en est ainsi, M. Delamarre n'a-t-il point eu confiance au tribunal suprême qui semblait, selon l'Écho, lui offrir l'appui de sa jurisprudence souveraine. Pourquoi M. le préfet du Cantal n'a-t-il point cherché à couvrir sa réputation administrative, en se pourvoyant devant la Cour de cassation. La résignation de **M.** le préfet aux vingt-cinq condamnations successives qui mettaient sa justice à l'index du pays, équivaut à un aveu tacite et irrécusable des illégalités qu'il avait commises ; l'Écho veut donc en imposer à ses lecteurs, lorsqu'il leur jette comme de bon aloi des raisons dont il connaît parfaitement la nullité.

Je ne demanderai pas à ce journal s'il est d'ailleurs bien vrai, comme il l'affirme, que l'excuse tirée de la circulaire ministérielle mentionnée plus haut s'étende à *presque tous* les arrêtés annulés ; je regrette de ne pas avoir ces pièces à ma disposition ; elles m'auraient sans doute mis à même de donner à mes lecteurs un spécimen plus curieux et plus développé du sans-façon avec lequel **M.** le préfet du Cantal traite les lois qui le contrarient ; toutefois il a pris le soin d'en laisser un échantillon assez complet dans les arguments qu'il a opposés à mes justes réclamations.

L'Écho, en rapportant les quatre arrêtés dont ces réclamations ont été l'objet, s'abstient avec l'impartialité qui le distingue de faire mention des considérants sur lesquels la Cour royale a cassé ses arrêtés. Il n'en cite qu'un seul ; c'est celui qui est avantageux à la préfecture ; je conçois qu'en laissant les autres dans l'ombre, il lui a été plus facile d'insinuer à ses lecteurs, dans quelques mots de son dernier paragraphe, que les erreurs de **M.** Delamarre tenaient à ces différences de jurisprudence qui peuvent exister uniquement dans le vague des lois. Mais il n'en est pas ainsi, et pour le prouver il suffira de rétablir dans la discussion les pièces du procès que la feuille du pouvoir a soigneusement éloignées de son commentaire ; il suffira de mentionner quelques-unes des dispositions législatives dont **M.** Delamarre n'a fait aucun cas.

Quant au premier arrêté, l'Écho a constaté à son aise la décision de la Cour, consolation unique et bien faible laissée à **M.** Delamarre pour la triple défaite qu'il a ensuite essuyée. Mais ce que l'Écho n'a pas dit, c'est que la Cour royale n'a rejeté mes droits qu'à cause d'un seul manque de forme nécessaire pour la régularisation de mes titres à l'usufruit du domaine de Lalaubie. Or, après la leçon que vient de recevoir M. le préfet, si récemment encore notaire normand, il n'est pas étonnant qu'une personne étrangère comme moi aux minutieuses exigences des lois ait négligé une formalité très-secondaire. Du reste, je m'empresserai à mon prochain retour à Aurillac de compléter l'acte d'acquisition, et probablement de fournir une nouvelle occasion à notre premier magistrat d'augmenter mon cens électoral, ou d'engager une cinquième lutte avec moi, aujourd'hui l'électeur le plus affermi de son département, grâce à ses attaques.

Je passe au second arrêté en date du 4 septembre 1839, l'Écho en parle de la manière suivante : « M. le préfet a » réduit à 150 fr. 12 cent. les nouvelles cotes des contribu- » tions foncières dont M. de Métivier voulait se prévaloir, » 1° parce qu'il employait mal à propos dans son cens la totalité » de la cote des concessionnaires d'une mine, tandis qu'il n'est » associé à la concession que pour un quart. »

Je m'arrête ici pour donner un démenti formel à cette première allégation. En effet, je n'ai pu vouloir m'approprier la totalité des impositions de la mine de Saint-Santin qui s'élèvent à 240 fr.; car avec ce cens je n'aurais pas eu besoin d'invoquer ma qualité d'officier en retraite; je n'ai point articulé une pareille prétention dans ma lettre au préfet, puisque je l'accompagnais de l'acte de société passé entre les concession- naires, par-devant Me Alary, notaire, acte qui ne m'attribuait clairement que le quart. Enfin l'assertion de l'Écho est d'autant plus dénuée de fondement que l'arrêté même du préfet n'en parle point; le voici :

« Considérant que M. de Métivier qui, dans la lettre sus-énoncée, » invoque en sa faveur la qualité d'officier en retraite, jouissant » d'une pension supérieure à 1200 francs, ne peut se prévaloir des » dispositions de l'art. 3 de la loi du 19 août 1831, qui exige en ce » cas que les officiers en retraite justifient d'un domicile réel de trois » ans dans l'arrondissement électoral; qu'en effet M. de Métivier n'est

» pas réellement domicilié dans le département du Cantal, puisqu'il
» résulte : 1° de l'ordonnance royale du 17 avril 1857, qui lui
» accorde une pension de 1,656 francs, que son domicile est à *Paris* ;
» 2° de l'ordonnance royale du 6 septembre 1837, portant autorisa
» tion de la Société d'assurances, formée à Paris, contre l'incendie
» des objets mobiliers et des marchandises, que M. de Métivier,
» nommé directeur de la Société, demeure à Paris, rue de la Vic-
» toire, etc., etc. »

Par ce second arrêté, **M.** Delamarre reconnaît n'avoir pu
abaisser mes contributions au-dessous de 150 fr. 12 cent. Il
reconnaît aussi que le chiffre de ma pension militaire de
1,656 fr. pourrait me faire jouir de la faveur accordée aux
officiers en retraite par l'article 3 de la loi du 19 avril 1831 ;
mais son esprit facile à servir son caprice, lui suggère l'é-
trange pensée de me contester, contre toute raison, un domicile
réel de trois ans dans l'arrondissement où je suis né. En vain
les articles 103 et 104 du Code civil lui indiquent–ils les forma-
lités préalables pour changer de domicile. En vain la Cour de
cassation, dans une affaire concernant l'un de nos compatriotes,
le général Destaing, a-t-elle consacré formellement ce principe :
« Que le domicile d'origine se conserve tant que la volonté
» de le remplacer par un autre n'est pas indiquée d'une manière
» expresse et positive »; M. le préfet ne s'en embarrasse point;
il ne respecte pas davantage un arrêt du conseil – d'état plus
récent encore (mois de juin 1835), qui déclare que le domicile
réel d'un citoyen est celui où il fait le service de la garde nationale.

Soit par suite de passion ou d'ignorance, M. le préfet foule
aux pieds toutes ces considérations, rien ne l'arrête, sa volonté
doit faire loi. Il faut qu'on y obéisse ; et il se persuade sans
doute que l'on ne saura, que l'on ne pourra pas mettre un frein
à son arbitraire; qu'il l'emportera, bon gré malgré, et que la
justice même des Cours royales fléchira sous l'autorité des con-
clusions revêtues du sceau préfectoral d'Aurillac.

Pitoyables prétentions bientôt rabattues ! Les motifs énon-

cés dans le second arrêté ne pouvaient résister un seul instant à l'examen de la Cour royale de Riom ; aussi a-t-elle
réduit ces motifs au néant.

Voici comment s'exprime la Cour en cassant l'arrêté dont il
est question :

« Considérant : 1° qu'il n'est pas contesté, et *qu'il est au surplus*
» *légalement établi* qu'avant 1839 le domicile réel de M. de Méti-
» vier était fixé à Aurillac, qu'il y a été élu commandant de la garde
» nationale, et qu'il est encore porté sur les contrôles, qu'il continue
» d'y payer les contributions personnelles et mobilières, et qu'il y a
» exercé continuellement ses droits politiques et électoraux.

» Qu'il n'a manifesté par aucune déclaration l'intention de changer
» de domicile, et que les énonciations portées aux ordonnances
» royales des 7 avril et 6 septembre ne peuvent le lui faire perdre.

» Qu'il n'est pas contesté non plus qu'il jouisse, en qualité d'officier,
» d'une pension de retraite de 1,656 francs.

» Que, dans cet état de choses, il réunit toutes les conditions pour
» profiter du bénéfice de l'art. 3 de la loi du 19 avril 1831, etc., etc. »

Le même esprit, les mêmes lumières qui ont dicté le second
arrêté de la préfecture, se retrouvent encore dans le troisième,
daté du 7 septembre.

Il est ainsi motivé :

« Considérant que M. de Métivier de Vals n'est imposé à Paris
» pour la somme de 346 fr. 16 cent., qu'en sa qualité de directeur de
» la société d'Assurance contre l'incendie, autorisée par ordonnance
» royale du 6 septembre 1837 ; et qu'aux termes de l'article 6 de la
» loi du 19 avril 1831, il ne peut s'attribuer pour son cens électoral
» que la part et portion qui le concerne, et dont il aurait dû justifier
» par un certificat du président du tribunal de commerce de Paris.

» Considérant qu'aux termes des statuts de la société d'Assurance
» dont fait partie M. de Métivier de Vals, il y a vingt sociétaires fon-
» dateurs, et actuellement peut-être plusieurs centaines de nouveaux
» associés ; qu'en s'en référant au nombre de vingt fondateurs, le pé-
» titionnaire ne pourrait jamais s'attribuer que le vingtième des im-
» positions, c'est-à-dire, 27 fr. 30 cent., ce qui ne suffit pas pour con-
» stituer ou compléter le cens électoral, etc., etc. »

Je prie mes lecteurs de remarquer qu'en énonçant le mot
Assurance, M. le préfet se dispense chaque fois d'ajouter l'épi-

thète *Mutuelle* qui devait le suivre. Or, **M.** Delamarre ne peut avoir lu ni les statuts dont il parle dans son arrêté, ni l'ordonnance qui est en tête, sans avoir nécessairement distingué qu'il s'agissait d'une société d'Assurance mutuelle. En effet,

(*Ordonnance du roi.*)

ART. 1er. La société d'*Assurance mutuelle mobilière*, formée à Paris sous la dénomination d'*Assurance mutuelle Parisienne*, etc.

STATUTS.

ART. 2. Cette société est *mutuelle*. Elle existe sous la dénomination d'*Assurance mutuelle*.

ART. 3. Cette Société a pour but d'établir entre ses membres *une Assurance mutuelle contre l'incendie, le feu du ciel et les dégâts qui en résultent, etc.*

ART. 8. Chaque sociétaire est *assureur et assuré.*

Et généralement l'esprit des statuts résulte du principe de la mutualité entre tous les associés.

Ainsi **M.** le préfet n'a pu oublier que l'assurance dont il parlait était *mutuelle;* pourquoi donc a-t-il omis cette qualification? C'est que le paragraphe de l'art. 6 de la loi du 19 avril 1831, sur lequel se fondait tout entier l'arrêté de **M.** le préfet, ne concerne qu' « *une maison de commerce.* » Or, dit la Cour royale, en statuant sur cet arrêté :

« 3° On ne peut considérer comme une maison de commerce la So-
» ciété d'assurance mutuelle, établie à Paris, contre l'incendie, pour les
» objets mobiliers et les marchandises, qui a pour unique but d'établir
» entre ses membres qui sont tout à la fois assureurs et assurés, une
» garantie réciproque d'indemnité à raison des sinistres occasionnés
» par l'incendie. »

Et qu'on ne vienne pas excuser **M.** Delamarre de s'être soustrait à cette observation, car si la lecture des arts 3, 8, etc., des statuts, si la connaissance d'un des principes les plus élémentaires en fait d'assurances, savoir que « l'assurance ne peut
» jamais être pour l'assuré un objet de bénéfice, mais la répa-

» ration d'une perte », si la stipulation de mutualité enfin n'excluaient pas naturellement dans le jugement de **M.** Delamarre toute idée de spéculation, au moins aurait-il dû penser en lisant sur les statuts le nom des douze maires de **Paris**, fondateurs de cette utile société dans l'unique intérêt de la population parisienne, et en voyant encore six d'entre eux faire partie du conseil d'administration, que ces illustres magistrats ne s'étaient point ainsi réunis pour créer une maison de commerce.

M. Delamarre a d'ailleurs bien mal à propos démenti, dans cette circonstance, le fatal respect que lui prête l'Écho pour les circulaires ministérielles; car s'il en eut été plus impartial observateur, il aurait rencontré des barrières qui l'eussent arrêté sur la voie d'une nouvelle condamnation; en effet,

(Circulaire ministérielle du 22 octobre 1817), sociétés sans « émission d'engagement. Les sociétés anonymes *qui n'émet-* » *tent pas d'engagements extérieurs, mais dont les intéressés* » *placent seulement en commun les risques qui affectent leurs* » *propriétés, comme les compagnies d'assurance mutuelle,* etc. »

La circulaire ministérielle du 25 octobre 1819 est encore plus explicite ; elle dit :

« Les assurances qui ont pour objet de mettre en commun » les pertes et de les rendre légères à chacun par la réparti- » tion, *excluent tout bénéfice, toute spéculation et n'ont rien* » *de commercial.* »

Et cependant **M.** le préfet confond la société d'assurance mutuelle, dont il avait lu les statuts, avec une maison de commerce.

Partant de cette confusion, il ne tient aucun compte de l'art. 42 des statuts, etc.; et il faut encore que la Cour de **Riom** vienne réformer son jugement comme il suit :

« Que dans tous les cas, cette Société étant représentée par un » conseil d'administration, et surtout par un directeur chargé à for- » fait, aux termes de l'art. 42 des statuts, des dépenses d'administra- » tion, ce directeur seul est devenu un entrepreneur qui, par cela » même, a été assujetti à la patente ; *qu'en fait*, l'extrait en forme

» des rôles des contributions directes de la commune de Paris, con-
» state que la patente est sous le nom de Métivier de Vals, direc-
» teur de la Société d'assurance parisienne, d'où il suit qu'il a seul le
» droit de se prévaloir du chiffre de cette patente fixée à 546 francs
» 16 centimes; en conséquence ordonne que, etc., etc. »

Les fautes judiciaires que je viens de dévoiler ne caractéri-
sent-elles que des erreurs de jurisprudence, comme l'Écho
voudrait le faire croire? sont-elles compatibles avec le sentiment de l'équité? de quelle manière doit-on envisager cette vio-
lation constante des dispositions législatives qui m'étaient favo-
rables; cet oubli si extraordinaire de tous les principes qui
constataient ma véritable situation et confirmaient mes titres?
Il se trouve dans le tribunal politique qui a statué sur mes réclamations, des hommes habitués depuis long-temps à la prati-
que du droit; il est en Normandie une chambre de notaires qui
garde encore de M. Delamarre, lui-même, certains souvenirs;
comment donc comprendre cette étrange et excessive ignorance dont les décisions précédentes portent l'empreinte? Y a-
t-il eu absence de toute modération chez le premier magistrat
qui les a signées? Y a-t-il eu de la part de ses conseillers une
aveugle complaisance disposée à sacrifier toutes les lois au
triomphe d'une résolution arrêtée d'avance? S'il est encore besoin de lumières sur ces questions, le 4e arrêté de M. Delamarre
achèvera de les donner à mes lecteurs.

Le 2e arrêté, mentionné plus haut, repoussait comme on l'a
vu le privilége que j'invoquais en qualité d'officier en retraite;
ce privilége était attaché à la preuve contestée à mon égard
par M. Delamarre, d'un domicile réel de trois ans dans l'arrondissement d'Aurillac. Appelant de cette décision préfectorale,
j'avais laissé à la Cour de Riom le soin de statuer sur cette
chicane; mais ni mon domicile politique, ni les 150 francs
d'impositions reconnus lors de cet arrêté, n'étaient en question.

Je venais donc avec ma troisième lettre apporter une nouvelle cote de 162 fr. 23 cent., et demander à M. le préfet qu'il

me reconnût par là un cens électoral de plus de 300 fr. Cette réclamation était évidemment indépendante de la première.

A cette nouvelle présentation de titres, M. Delamarre semble entrer en fureur; il s'étonne de ma persistance, et me répond par un quatrième arrêté, rédigé avec une érudition, une justice, une maturité de réflexion plus surprenantes encore que tout ce qui précède; le voici:

« Considérant que par trois arrêtés successifs, en date des 28 août,
» et 4 et 7 de ce mois, nous avons statué sur trois réclamations
» de M. de Métivier, ayant toujours pour objet l'inscription de son
» nom sur la liste électorale; que la réclamation actuelle a le même
» but et forme la quatrième; que dès l'instant que la demande d'un
» citoyen à fin d'inscription a été rejetée, la loi ouvre à ce citoyen la
» voie de l'appel, s'il croit devoir y recourir, pour faire réformer
» l'arrêté du préfet; mais qu'il n'est pas dans le texte ni dans l'esprit
» de la loi, que le même réclamant puisse indéfiniment et successi-
» vement former des demandes nouvelles qui obligeraient à pronon-
» cer vingt fois peut-être sur la même réclamation; que si chaque
» pétitionnaire dont la demande est rejetée, croyait pouvoir en agir
» ainsi, ce serait rendre l'exécution de la loi impossible dans les
» délais qu'elle a prescrits.

» Considérant d'ailleurs que notre arrêté du 4 de ce mois a statué
» sur la demande de M. de Métivier, et a refusé l'inscription sur la
» liste électorale, pour défaut de cens électoral; que M. de Métivier
» s'est rendu appelant de cet arrêté; que nous avons transmis à M. le
» procureur-général près la Cour royale de Riom, le 13 de ce mois,
» toutes les pièces par lesquelles M. de Métivier prétendait justifier
» sa demande; que dans cet état de choses, et privé des pièces
» envoyées à la Cour royale, il nous était impossible de décider
» valablement la réclamation actuelle; que de plus le litige étant
» soumis à la Cour royale, et M. de Métivier ne s'étant pas désisté
» de son appel, il ne nous appartient point de prononcer sur ce qui
» se trouve acuellement soumis à la décision de la Cour.

» Considérant enfin, qu'en supposant qu'il nous fût légalement
» dévolu de statuer de nouveau, nous ne pourrions admettre les
» nouvelles pièces produites : 1° parce que la renonciation à la suc-
» cession de sa sœur, par la demoiselle Anne de Métivier, est *irré-*
» *gulière, et ne peut produire aucun effet légal*, etc., etc.

» ARRÊTONS : Il n'y a point lieu de prononcer sur la nouvelle de-
» mande de M. de Métivier qui, dans tous les cas, est rejetée. »

A ce style confus, contraint et gros de colère, on reconnaît aisément un esprit embarrassé de sa fausse situation. M. le préfet ne peut se dissimuler la légitimité de mes nouveaux droits, les titres que je lui fournis ne laissent rien à désirer ; mais il veut à tout prix m'écarter du collége électoral. Il l'a si hautement annoncé à ses courtisans, à ses amis politiques, que s'il en était autrement son amour-propre en serait profondément blessé.

Alors sa préoccupation l'aveugle ; il m'oppose, comme on vient de le voir, des raisons vaille que vaille, il les entasse dans son arrêté, tâchant ainsi d'en formuler une espèce de fin de non-recevoir, et le termine par cette décision puisée dans les régions les plus profondes de son jugement administratif : « que la » renonciation à la succession de sa sœur faite en ma faveur » par la demoiselle Anne de Métivier, ma tante, est *irrégu-* » *lière* et ne peut produire aucun *effet légal.* »

La Cour vient de nouveau faire bonne justice de ce dernier arrêté ; elle détruit cette œuvre de la malveillance la plus obstinée, et par son dernier considérant elle frappe M. Delamarre d'une déclaration authentique d'ignorance ou d'arbitraire, puisqu'aucune *disposition législative*, dit-elle, ne l'autorisait à méconnaître la légalité de la renonciation que je lui fournissais. Voici l'arrêt :

« Considérant que, si l'arrêté du 4 septembre, a dû retrancher du » chiffre des contributions personnelles de M. de Métivier, la somme » de 162 francs 25 centimes, représentant l'impôt assis sur les biens » à lui légués par le testament du 9 janvier 1856, parce qu'il ne jus- » tifiait pas du décès d'Anne de Métivier, légataire de l'usufruit des » mêmes biens, cette disposition ne peut se maintenir en présence de » la renonciation faite par cette dernière au greffe du tribunal, » le 18 septembre 1859, qui a eu pour effet d'investir le réclamant de » la propriété pleine et entière des immeubles compris dans son insti- » tution universelle.

» Considérant que cette renonciation est *régulière, puisque aucune* » *disposition législative ne prescrit en cette matière, comme indis-* » *pensable, l'intervention d'un avoué, et la nécessité d'une procura-* » *tion authentique.*

» Qu'il suit de là qu'il faut ajouter à la somme de 130 fr. 12 cent.

» faisant le chiffre des impôts personnels de M. de Métivier, *reconnu*
» *par l'arrêté du 4 septembre*, les 162 francs 25 centimes que le
» même arrêté a retranchés, pour entrer dans la composition de son
» cens électoral.

La Cour termine enfin ses arrêts successifs en ma faveur, par
cette conclusion foudroyante pour M. le préfet et son conseil…

» La Cour, sans avoir égard aux rejets portés aux arrêtés des 4, 7
» et 23 septembre suivant, ordonne que le sieur de Métivier (Auguste-
» Jean-François) sera réintégré sur la liste électorale pour le cens
» de 358 francs 51 centimes. »

Maintenant que plaçant sous les yeux du public les arrêts de
la Cour, j'ai complété mieux que ne le fait l'Écho toutes les
pièces des procès auxquels m'a forcé M. le préfet, je demanderai à mes compatriotes si je pouvais me soumettre
avec convenance à d'aussi absurdes décisions. J'ai présenté avec
intention mes trois réclamations l'une après l'autre, dans le but
de bien consulter le mauvais vouloir de l'administration,
montrer jusqu'où M. Delamarre pouvait porter la partialité, et
jusqu'où pouvait aller aussi la complaisance aveugle de ses trois
conseillers. Je n'ai nullement craint d'être victime, comme le
dit l'Écho, de l'hostilité politique de M. le préfet, parce qu'au-
dessus de sa justice il y avait des tribunaux où siége l'impar-
tiale raison. Je me confiais à leur sentence, et comme on le
voit, elle ne m'a point failli.

Si M. Delamarre avait écouté la voix de l'équité plutôt que
celle de la passion ; s'il s'était conformé sans résistance aux lois,
ordonnances et circulaires ministérielles que l'article des journaux de Paris lui reprochait avec raison de ne pas assez connaître,
il n'aurait point eu à sacrifier inutilement tant de labeurs, à statuer sur les vingt-deux réclamations de mes co-électeurs et sur
mes trois demandes successives. Il n'eût point aussi donné à ses
administrés le fâcheux spectacle d'un préfet maltraité comme un
écolier mal appris, par une Cour royale, en face d'une opposition qu'il a peu disposée, par la courtoisie de ses pro-

cédés, à respecter son humiliation. M. Delamarre a essayé une guerre déloyale contre cette opposition; elle l'a confondu. Les armes dont il a voulu se servir contre elle ont été brisées, et elle lui en a rejeté les tronçons avec pitié.

Cette leçon pourrait dominer dorénavant comme une voix sévère les flagorneries par lesquelles on caresse son amour-propre administratif et ses tendances d'absolutisme au petit pied; mais M. Delamarre saura-t-il la mettre à profit? Je le souhaite, mais ne le crois pas. Une seule chose reste à espérer. Peut-être le ministre qui a écrit ces mots : «La meilleure des influences » pour un préfet est une bonne administration; » et ceux-ci : « Il ne faut point aigrir les partis par la violence; » comprendra-t-il qu'un homme plus sensé dans ses actes, plus calme et plus réservé dans ses décisions, moins accessible aux susceptibilités de l'esprit de parti et aux caprices de l'arbitraire; enfin plus conciliant dans ses relations avec le pays, peut seul reconquérir, dans le département du Cantal, des sympathies qui abandonnent chaque jour de plus en plus l'autorité, et lui rendre une estime dont l'appui ne saurait être long-temps suppléé par la corruption.

Quant à l'opposition, à cette opposition *qui crie constamment à la fraude*, dit l'Écho, ses importunités, on le voit, ne sont ni vaines, ni déplacées. Cet escamotage inouï, au moyen duquel la préfecture a essayé d'enlever pièce à pièce ses droits électoraux à un censitaire qui paie plus de 850 fr. d'impositions, prouve toute l'audace avec laquelle elle peut porter atteinte à la composition légale des listes. C'est donc un devoir impérieux pour les hommes indépendants, d'exercer à cet égard le contrôle le plus strict et la plus rigoureuse surveillance.

Je terminerai par une importante conclusion; le procès des 25 arrêtés a donné la mesure de la confiance qu'obtient aujourd'hui le mandataire de l'arrondissement. Le vote commandé des fonctionnaires, les promesses et toutes les influences occultes dont use largement l'administration, ne suffisent plus pour assurer son élection; il ne reste d'autre ressource que des expédients illégaux et extrèmes comme ceux dans lesquels **M**. le préfet s'est jeté. En face de pareils moyens, les hommes de loyauté ne peuvent plus continuer leur appui à un pouvoir qui sabre impudemment la justice et l'équité, et ne recule devant aucune voie pour obtenir ses succès électoraux. Espérons donc que les tentatives condamnées par la Cour royale auront dessillé tous les yeux, et que, grâce à elle, les efforts désespérés de l'intrigue viendront enfin se briser contre la probité publique.

MÉTIVIER DE VALS.

IMPRIMÉ PAR BÉTHUNE ET PLON, A PARIS

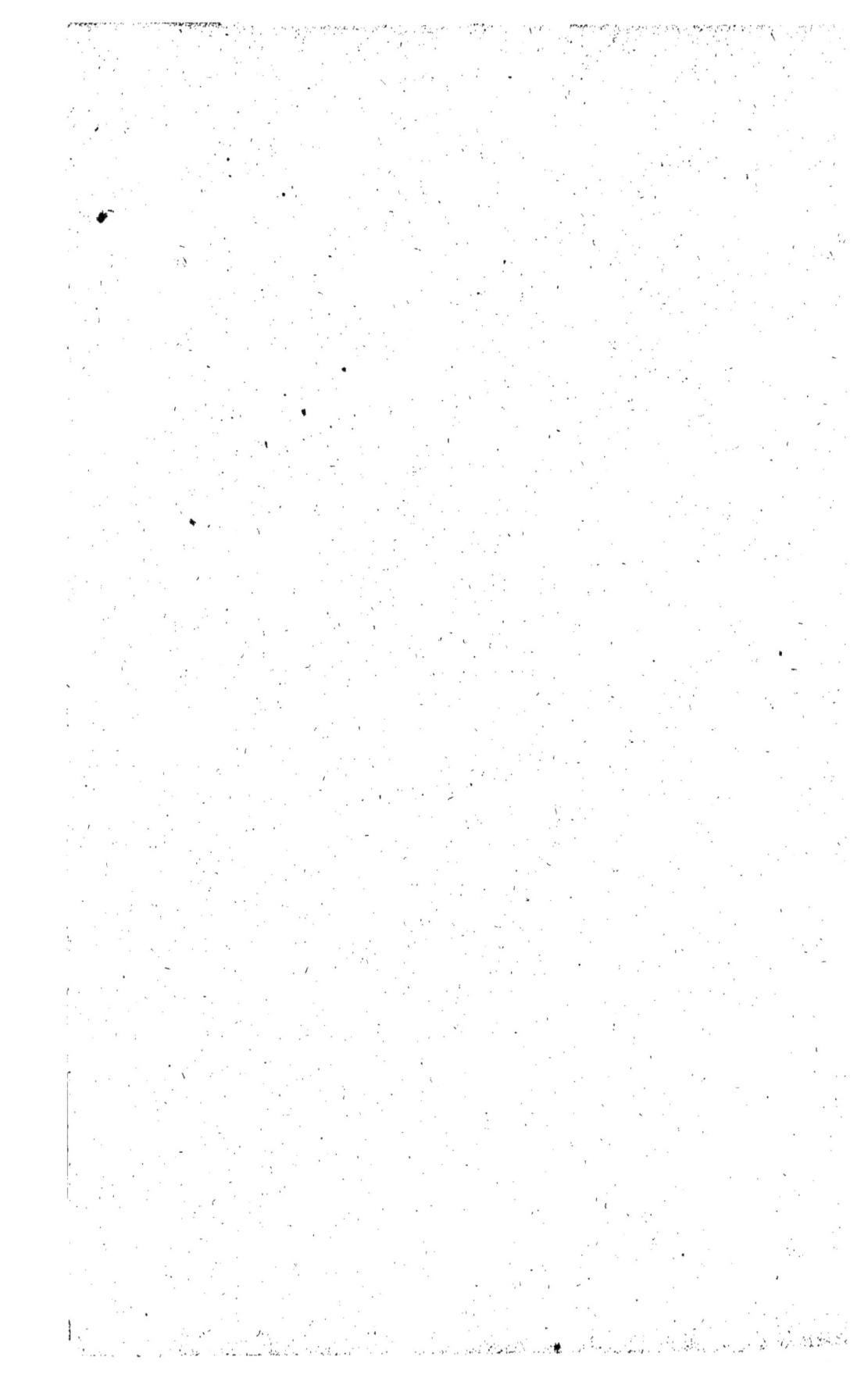

www.ingramcontent.com/pod-product-compliance
Lightning Source LLC
Chambersburg PA
CBHW050457210326
41520CB00019B/6245